Josef Haid

DAS RICHTMASS FÜR EIN OPTIMALES LEBEN

Verlag Asama AG
CH-7002 Chur 362

Josef Haid (1911), erfolgreich als Wirtschaftsberater und Unternehmer, veröffentlichte 1971 erstmals Erkenntnisse, die er auf der Suche nach dem Ursprung und Sinn des Daseins gefunden hatte, unter anderem die an der kosmischen Entwicklung orientierte Richtlinie für das menschliche Denken und Handeln, (die «evolutionäre Ethik», wie sie inzwischen von Wissenschaftern genannt wird).

1. Auflage 10000 1991
2. Auflage 5000 1992
3. Auflage 10000 1994

«Um zu überleben,
sind neue Werte nötig...»

Vorwort

Die *entwicklungsrichtige Ethik* wurde bisher in 302000 Büchern, gemeinsam mit anderen Themen, dargestellt.

Das vorliegende Buch ist allein diesem neuen Richtmaß für das Denken und Handeln – das wohl in aller Zukunft gültig sein wird – gewidmet.

An vielen Beispielen aus allen Bereichen des Daseins wird gezeigt, daß ein Denken und Handeln nach dem neuen Richtmaß die optimale Gestaltung unseres persönlichen und sozialen Lebens ermöglicht.

(Der Inhalt dieses Buches ist größtenteils dem Buch «Lebensrichtig» entnommen.)

Inhalt

I

Entwicklungsrichtige Ethik

Kosmische Entwicklung

Die Entwicklung unserer Welt vom Beginn bis zu den Elementarteilchen, die die Wasserstoffmassen des Alls gebildet haben, liegt größtenteils noch im dunkeln.

Aber die Entwicklung vom Wasserstoff bis hinauf zum Menschen läßt sich bereits erklären und belegen.

Die Wasserstoffmassen des Weltraumes verdichten sich zu Nebeln und später zu Sternen. Im Lauf der Zeit kommt es auf diesen Wasserstoffsternen, durch den ansteigenden inneren Druck und die sich entwickelnde Hitze, zu Kernreaktionen der Wasserstoffatome, wodurch andere Atome und auch Moleküle entstehen.

Wenn sich die Himmelskörper abzukühlen beginnen, herrschen auf ihnen, bei entsprechenden Umweltverhältnissen, ständige, starke Gewitter. Durch die Einwirkung der Gewitterblitze auf Wasserstoff, Ammoniak und Methan entstehen Aminosäuren. Diese Säuren führen zur Bildung der Eiweißstoffe: das sind die Grundstoffe für den Aufbau des pflanzlichen und tierischen Lebens.

Diese Wandlungsvorgänge und Zwischenstufen – vom Wasserstoff bis zu den Eiweißstoffen – sind größtenteils bereits im Laboratorium wiederholbar.

Der Ablauf der Entwicklung von den Wasserstoffmassen des Alls bis zu den Eiweißstoffen ist also erforscht und beweisbar, genauso wie die weitere Entwicklung auf der Erde, die sich über die folgenden Stufen vollzog:

Aus den Eiweißstoffen formten sich die Einzeller. Daraus entstanden zweischichtige Metazoen-Organisationen, dreischichtige Bautypen, die viele Organsysteme bildeten, wie ein Zentralnervensystem mit einfachem Gehirn, die Chordaten-Organisationen mit Chorda und Kiemenspalten, kieferlose und gliedmaßenlose Wirbeltiere, Fische, Amphibien, Kriechtiere, unspezialisierte, insektenfressende Säuger, Halbaffen, Affen mit besserem Sehvermögen und stärkerem Trieb zur Erschließung der Umwelt, höhere Affen, Primaten, schließlich die Menschen mit vervollkommnetem Großhirn und Sprache.*

Die kosmische Entwicklung geht also von den einfachsten zu immer komplexeren und bewußteren *Entwicklungsformen* – von den Elementarteilchen zu den Menschen – *in ihrer Gesamtheit* in stets gleichbleibender Richtung weiter. Auch die Formen, die den Anschein der Beständigkeit erwecken oder aus dem Zerfall anderer entstehen, werden immer wieder aufs neue in die Entwicklung einbezogen.

* Nach J. Huxley

Entwicklungsrichtig – entwicklungswidrig

Die *kosmische Entwicklung* ist die Ursache unseres Daseins; sie ist das Aufbauende, Positive, das *fundamental* «Gute» in der Welt. Was gegen die kosmische Entwicklung gerichtet ist – gegen sie wirkt – ist das Hemmende, Zerstörende, Negative, das «Schlechte», «Böse».

Die *Verhaltensweisen* der Entwicklungsformen (der Menschen, Tiere usf.), die ihre eigene Entwicklung und die ihrer Mitwelt *fördern,* sind demnach im Einklang mit der kosmischen Entwicklung; sie wirken in ihre Richtung: sie sind *entwicklungsrichtig.*

Die *Verhaltensweisen* der Entwicklungsformen, die ihre eigene Entwicklung oder die ihrer Mitwelt *schädigen,* wirken gegen – wider – die kosmische Entwicklung: sie sind *entwicklungswidrig.*

Die Gleichgerichtetheit – den Einklang der Verhaltensweisen der Entwicklungsformen mit der kosmischen Entwicklung nennen wir *Entwicklungsrichtigkeit*.

Die Entwicklungsrichtigkeit ist das objektive und unfehlbare Maß für die Beurteilung der Richtigkeit und des Wertes der Verhaltensweisen der Entwicklungsformen: sie ist deshalb auch das *absolut sichere ethische Richtmaß:*

richtig, gut, sinnvoll, wertvoll ist, was die Entwicklung fördert, was *entwicklungsrichtig* ist;

unrichtig, sinnwidrig, schlecht, böse ist, was die *Entwicklung schädigt*, was *entwicklungswidrig* ist.

Da die Begriffe **Entwicklung** und **Leben** im Grunde die gleiche Bedeutung haben – denn sobald die Entwicklung anfängt, wird es im Kosmos lebendig, beginnt das Leben –, werden meistens anstelle von *entwicklungsrichtig, entwicklungswidrig, Entwicklungsrichtigkeit* die leichter zu sprechenden Wörter **lebensrichtig, lebenswidrig, Lebensrichtigkeit** verwendet – auch im folgenden Buchtext. (Im Englischen werden ebenfalls *pro-evolution, anti-evolution, pro-evolution quality* aus sprachlichen Gründen wenig gebraucht, und die Wörter *pro-life, anti-life, pro-life quality* bevorzugt.)

Lebensrichtiges (entwicklungsrichtiges) Denken und Handeln bewirkt Freude und Heil; lebenswidriges (entwicklungswirdriges) Denken und Handeln verursacht Unheil und Unfreude

Die *lebensrichtigen* Gedanken und Handlungen des Menschen fördern ihn und seine Mitwelt. Sie sind in Übereinstimmung mit der kosmischen Entwicklung – der Strömung des Lebens in ihm und um ihn. Durch diesen Einklang entsteht im Menschen ein harmonisches «Feld», das in ihm das Gefühl der wahren *Freude* – der inneren Leichtheit und Beglücktheit – auslöst und sein Daseinsablauf ereignet sich, im Zusammenwirken mit der Mitwelt in der bestmöglichen Weise.*

Der lebensrichtig denkende und handelnde Mensch ist glücklich, entspannt, ausgeglichen.

Die *lebenswidrigen* Gedanken und Handlungen des Menschen schädigen seine eigene Entwicklung und die der Umwelt. Sie stören, hemmen die kosmische Entwicklung – die Strömung

* Vergleiche: *Bertrand Russell:* «In einer tiefen, instinktiven Vereinigung mit der Strömung des Lebens liegt die größte aller Freuden.»

W. Gruter, J. S. Danielli, G. B. Hoebel u. a.: «Offensichtlich wird Altruismus und «gesetzkonformes» Verhalten durch die ein Glücksgefühl erzeugende Ausschüttung von Endorphin belohnt.»

Irenäus Eibl Eibesfeldt: «Normgerechtes» Verhalten bewirkt im Menschen über hirnchemische Änderungen hormonal Wohlbehagen.»

des Lebens in ihm und um ihn. Die Disharmonie, der Gegensatz, zwischen einem lebenswidrigen Denken und Handeln und der kosmischen Entwicklung erzeugt Fehlhaltungen, krankhafte Zustände, Spannungen im Menschen und zwischen ihm und seiner Mitwelt. Lebenswidrige Gedanken und Handlungen verursachen *Unfreude, Unfriede, Unheil.*

Der lebenswidrig denkende und handelnde Mensch ist auf Schritt und Tritt gefährdet und ohne wahre Freude.

Lebenswidrige Gedanken und Handlungen verhindern auch das Entstehen echter, bleibender «Erfolge». *Was gegen die Entwicklung – gegen den Lebensstrom – gerichtet ist, kann nicht dauern. Alles Lebenswidrige zerfällt, manchmal langsam, manchmal schnell, manchmal wie vom Blitz getroffen.*

Hilfreiche Fragen zur Prüfung unserer Gedanken und Handlungen, ob sie lebensrichtig – Freude und Heil bewirkend – sind

(1) *Fördern* unsere Gedanken und Handlungen die Entwicklung von uns selbst (unseres Leibes und Denkvermögens, unserer Lebensbedingungen) bestmöglich, ohne dadurch Mitmenschen und/oder die übrige Mitwelt untolerierbar zu beeinträchtigen?

(2) *Fördern* unsere Gedanken und Handlungen die Entwicklung der Mitmenschen und der übrigen Mitwelt bestmöglich, ohne dadurch unsere eigene Entwicklung zu gefährden oder zu schädigen?

Bei der Prüfung der Gedanken und Handlungen ist immer *die Wirkung mit zu bedenken,* die durch sie nicht nur auf uns selbst, sondern auch auf unsere Mitmenschen und die übrige Mitwelt ausgeht – aus folgendem Grund: Der Kosmos – unsere große, vielfältige Welt, mit allen ihren Entwicklungsformen usf. – ist der *Organismus des Alls,* der alles enthält. Nichts und niemand ist außerhalb. Er ist die alles umfassende **All-Einheit**, die kosmische Einheit.

Auch wir Menschen sind Entwicklungsformen – gleichsam Zellen – der All-Einheit, des Weltkörpers. Wir sind untereinander, und mit den anderen Entwicklungsformen unauflösbar verbunden und verwoben, in einem dichten, unüberschaubaren Netz gegenseitiger Einflüsse und Beziehungen.

Fördern oder schädigen wir uns, so begünstigen bzw. beeinträchtigen wir deshalb auch unsere Mitmenschen und die übrige Mitwelt; und wenn wir diese fördern oder schädigen, so begünstigen bzw. beeinträchtigen wir auch uns selbst.

(Zu beachten: Gedanken und Handlungen, die an sich für eine oder mehrere Entwicklungsformen lebens*richtig* wären, wirken sich lebenswidrig aus, wenn sie *die All-Einheit mehr schädigen als fördern*; und sind daher zu unterlassen. *Beispiel:* Die Verbesserung der Daseinsbedingungen eines Menschen, einer Rasse oder Staates – an sich eine lebens*richtige* Maßnahme – ist lebenswidrig, wenn dadurch andere Menschen in einer untolerierbaren Weise geschädigt werden, mithin für die Gesamtheit der Menschen, und damit für die *All-Einheit, vermeidbare Beeinträchtigungen, mehr Nachteile als Vorteile, entstehen.*

Gedanken und Handlungen, die für eine oder mehrere Entwicklungsformen lebenswidrig wären, sind lebens*richtig,* wenn sie die All-Einheit mehr fördern als schädigen. *Beispiel:* Das Töten eines Menschen – an sich eine lebenswidrige Tat – ist lebens*richtig,* wenn er Mitmenschen zu ermorden droht, und sie nur gerettet werden können, indem man ihn tötet.)

Die nun folgenden Kapitel des Buches möchten dem Leser helfen, das Lebensrichtige (Entwicklungsrichtige) sicher zu erkennen, damit durch ein entsprechendes Denken und Handeln sich sein Leben in *Freude* ereignen kann.

Die meisten Texte beleuchten selbständige Themen; es empfiehlt sich, sie nicht in einem Zuge, sondern einzeln, meditativ, zu lesen.

II

Leben in Freude

Freude durch bewußtes und unbewußtes lebensförderndes Denken und Handeln

Das Leben des Menschen ereignet sich bestmöglich und in wahrer *Freude,* wenn er bewußt oder unbewußt – zum Beispiel zufällig oder als Folge einer weltanschaulichen oder religiösen Vorstellung – lebens*richtig*, also lebensfördernd, denkt und handelt.

Verhält sich der Mensch unbewußt vollkommen lebens*richtig*, spricht man von Gnade. Wahrscheinlich ereignet sich unter einer Million Menschenleben kaum eines in Gnade.

Aber durch bewußtes lebens*richtiges* Denken und Handeln kann jeder Mensch in *Freude* leben.

Freude hängt nicht von Gütern und Gaben ab

Allein die lebens*richtigen* – lebensfördernden – Gedanken und Taten des Menschen erzeugen in ihm das Glücksgefühl der wahren *Freude* – nicht Güter und Gaben, Reichtum, Macht, Jugendlichkeit, verstandesmäßige Talente.

Freude hängt nicht von der Art der Tätigkeit ab

Alle Aufgaben, sei es die Ausbildung für den Beruf, das Reinigen der Straße, das Lenken eines Staates, die Pflege eines Kranken, das Pflügen der Felder, erfüllen den Menschen, die er in lebens*richtiger* Weise – so vollkommen, so lebensfördernd wie möglich, mit dem Lebensstrom in ihm und der Umwelt im Einklang – ausführt, mit *Freude*.

Nicht von der Art der Aufgabe hängt die *Freude* ab, sondern von der Lebens*richtigkeit* ihrer Ausführung.

Freude ist unabhängig vom Nutzen

Ein Wissenschafter kann mit seinem besser ausgebildeten Denkvermögen und seinen Sonderkenntnissen durch seine lebens*richtigen* Gedanken und Taten einen unvergleichlich größeren allgemeinen Nutzen bringen, als z. B. ein Maurer durch seine lebens*richtige* Arbeit auf der Baustelle. Aber beide gewinnen durch ihr lebens*richtiges* Verhalten – durch ihr Bemühen um die bestmögliche Ausführung ihrer Aufgaben – die *Freude*, das innere Glück, in etwa gleichem Maße.

Jeder Mensch kann ein Leben in Freude führen – es liegt an ihm selbst

Kein Mensch ist dem anderen gleich. Jeder ist einmalig. Auch die Lebensbedingungen der Menschen sind verschieden. Aber alle können – unabhängig von ihren Anlagen und Lebensumständen – durch lebens*richtige* Gedanken und Taten ein Leben in *Freude* führen. Es liegt nur an ihnen.

Sogar in einem Blinden, mit amputierten Händen und Füßen, der sich der All-Einheit, der «vernetzten», unauflöslich miteinander verbundenen Entwicklungsformen des Weltorganismus bewußt ist und lebens*fördernd* denkt und handelt – zum Beispiel durch bewußtes, vorbildliches Ertragen seiner Mängel und Schmerzen, das seine Mitmenschen aufrüttelt und sie mit ihren eigenen Schwierigkeiten aussöhnt, oder indem er sie tröstet oder unterrichtet –, entsteht die beglückende *Freude.*

Unerschöpfliche Möglichkeiten der Freude

Jeder Mensch hat in jeder Lebenslage viele Gelegenheiten zum lebens*richtigen* Denken und Handeln – und damit unerschöpfliche Möglichkeiten, um in *Freude* zu leben.

Freude – Gradmesser für das menschliche Verhalten

Die wahre Freude – die innere Leichtheit und Beglücktheit – des Menschen ist das sichere, untrügliche Zeichen für sein lebens*richtiges* – lebensförderndes – Verhalten. Ist er freudlos, trübsinnig, mürrisch, schlecht gelaunt, unzufrieden, rastlos, unsicher, ängstlich oder zynisch – dann denkt und handelt er noch immer in irgendeiner Weise lebenswidrig.

Bisherige ethische Regeln können Leitlinien für lebensrichtige Verhaltensweisen sein

Viele überlieferte ethische Begriffe und Regeln, wie

«Das Gute tun, das Böse meiden», «Den Nächsten lieben», «Die Wahrheit sprechen», «Nicht stehlen», «Nicht töten», «Vater und Mutter ehren», «Anständig sein», «Ritterlich sein» usw.,

sind zumeist lebens*richtig*, und wir können weitgehend unser Verhalten danach richten.

Aber Vorsicht ist erforderlich: diese althergebrachten ethischen Begriffe und Grundsätze sind Ergebnisse der Menschheitserfahrung und ihrer oft irrtümlichen oder willkürlichen Auslegungen. *Sie sind als Leitlinien brauchbar, wenn ein ihnen entsprechendes Verhalten das Leben fördert; wenn ein solches Verhalten aber das Leben schädigt, sind sie ungeeignet.*

Beispiele für die erforderliche Berichtigung überlieferter ethischer Regeln:

(1) Das Gebot der Nächstenliebe.
Die Nächstenliebe, im herkömmlichen Sinn, verlangt, den Nächsten zu lieben wie sich selbst – und wenn er uns schlägt, ihn ohne Gegenwehr gewähren zu lassen. Eine solche Nächstenliebe ist teilweise lebenswidrig:
Die Forderung, den Nächsten wie sich selbst zu lieben, ist unzureichend. Man muß den Nächsten bewußt fördern, ihn lebens*richtig* lieben. Das Verhalten zum eigenen Körper

ist für die Nächstenliebe kein brauchbares Maß. Vielleicht liebt man sich übertrieben oder man vernachlässigt sich; beides wäre lebenswidrig*.

Wenn der Nächste uns schlägt, so verhält er sich lebenswidrig – er schädigt die All-Einheit, der wir und auch er angehören. Wirksam müssen wir uns deshalb vor ihm schützen.

(2) Das Gebot, die Eltern zu lieben, zu ehren und ihnen zu gehorchen.

Es ist lebens*richtig*, die Eltern zu lieben – sie zu fördern –, gleichgültig, wie sie sich verhalten. Die Eltern sind, wie alle Mitmenschen, Teile der gemeinsamen All-Einheit.

Aber es ist falsch, sie zu ehren, ihr Verhalten zu preisen, wenn sie lebenswidrig handeln, oder ihnen zu gehorchen, wenn sie von uns lebenswidrige Handlungen fordern. Wir müssen sie vielmehr auf ihr lebenswidriges Verhalten hinweisen, ihnen deutlich zu erkennen geben, daß wir es ablehnen, und uns auch ihren lebenswidrigen Wünschen und Befehlen widersetzen.

(3) Das Gebot, die Wahrheit zu sagen.

Unwahrheiten in jeder Form, offene und versteckte Lügen, das Erwecken falscher Eindrücke und so fort, sind lebenswidrig. Sie er-

* Siehe *lebensrichtige Menschenliebe* (Seite 26) und *Helfen ohne zu schaden* (Seite 27).

zeugen Unordnung, Unfrieden, Unheil. Sie zerstören das Vertrauen zwischen den Menschen. Auch geringfügige oder unbedachte Unwahrheiten haben oft ungünstigste Auswirkungen auf die Lügner. Aber sogenannte Not-Lügen können lebens*richtig* sein, wenn z. B. nur durch sie das Leben von Menschen geschützt werden kann. In einem solchen Fall ist die bewußte Unwahrheit erforderlich, um ein größeres Übel – eine größere Lebenswidrigkeit als es die Not-Lüge ist – zu verhindern.

(4) Das Gebot, nicht zu stehlen.

Wer seine Mitmenschen bestiehlt, handelt lebenswidrig. Er schädigt die Bestohlenen und auch die menschliche Gemeinschaft als Ganzes; letzteres, weil er das von ihr eingesetzte Diebstahls-Verbot verletzt, das sie vor dem Eigentums-Chaos und seinen nachteiligen Folgen schützt.

Aber es gibt Ausnahmen. Diebstahl kann lebens*richtig* sein, z. B. wenn nur durch das Stehlen von Nahrungsmitteln Menschen vor dem Verhungern bewahrt werden können.

Um das bestehende Diebstahls-Verbot durch solche Ausnahmen nicht zu lockern, sind die gestohlenen Güter von den Menschen, die durch sie gerettet wurden, den Bestohlenen zu ersetzen. Wenn ihnen dies nicht möglich ist, sollte die Allgemeinheit den Schaden gutmachen.

(5) Das Gebot, nicht zu töten.

Der Mensch ist ein Teil der All-Einheit. Er ist von allen bekannten Entwicklungsformen die am weitesten entwickelte und daher die schutzwürdigste. Solange er lebt, besteht normalerweise die Möglichkeit, daß er bewußt lebens*richtig* – die Entwicklung der All-Einheit fördernd – denkt und handelt.

Das Leben des Menschen sollte deshalb erst an der äußersten biologisch möglichen Grenze enden.

Das Töten eines Menschen – das vorzeitige Beenden seines Lebens, z. B. durch Erschießen oder durch vermeidbare Schädigungen seines Leibes während längerer Zeit – ist deshalb im besonderen Maße lebenswidrig.

Aber das Töten eines Mörders in Notwehr ist lebens*richtig*, wenn nur dadurch andere Menschen vor dem Tod bewahrt werden. Ebenso kann das Töten eines Menschen, der nie fähig sein wird, *bewußt* zu denken und zu handeln – z. B. wegen einer unheilbaren Schädigung des Gehirns – ebenfalls lebens*richtig* sein, wenn die Ärzte, die Angehörigen und die Allgemeinheit überzeugt sind, daß eine solche Tat für den unbewußten Menschen und für seine Mitmenschen eine Erlösung bedeutet. Bei einer solchen Übereinstimmung der Meinungen wird auch das allgemeine Tötungsverbot – welches das Leben der Menschen in der Gemeinschaft schützt – weder undeutlich noch gelockert.

Erforschung des optimalen Verhaltens

Das *Prinzip der Lebensrichtigkeit* ermöglicht die wissenschaftliche Erforschung und Bestimmung des optimalen Verhaltens.

Mit zunehmendem Wissen und mit Hilfe von Denkmaschinen wird der Mensch die lebens*richtigen* Ziele und Verhaltensweisen immer genauer erkennen.

Und je mehr die Ziele und Verhaltensweisen des Menschen – hinsichtlich Ernährung, Kleidung, Behausung, Gesundheitsfürsorge, Erziehung, Ausbildung, Leistung für die Gemeinschaft, Beziehungen zu den Mitmenschen und so fort – das Leben fördern, je lebens*richtiger* sie sind, desto harmonischer gestaltet sich sein Dasein, desto mehr *Freude* und Heil entsteht.

Alles andere wird unwichtig und erträglich

Sobald der Mensch seine lebens*richtigen* – Freude und Heil bewirkenden – Ziele und Verhaltensweisen erkannt hat und sie beharrlich verwirklicht, wird für ihn alles andere unwesentlich; seine leiblichen Mängel werden erträglich, Minderwertigkeitsgefühle und andere psychische Defekte lösen sich usf.

Lebenswidriges unbedingt vermeiden

Die lebenswidrigen Ziele und Verhaltensweisen des Menschen stören den Lebensstrom in ihm und seiner Mitwelt, und verursachen dadurch Unfreude, Unfriede, Unrast, Unheil. Auch alle Dinge, die für die lebens*richtige* Gestaltung des Daseins nicht erforderlich sind, belasten, hemmen.

Alles vermeiden und weglassen, was das Leben nicht fördert oder gar schädigt – was lebenswidrig ist. Ein einziges Wort, das keinem lebens*richtigen* Zweck dient, ist bereits zuviel.

Nur unser Denken und Handeln, das auf die Förderung des Lebens – der Entwicklung – von uns selbst und unserer Mitwelt gerichtet ist, macht uns froh und glücklich.

Lebensrichtige Ziele verhindern lebenswidrige Verhaltensweisen

Die lebens*richtigen* und die lebenswidrigen Gedanken und Taten des Menschen erzeugen in ihm psychische Strukturen, die sein bewußtes und unbewußtes Verhalten in der ihnen entsprechenden Weise beeinflussen.

Lebenswidrige Verhaltensweisen deshalb nicht direkt «bekämpfen»; ihre Ursachen, die Strukturen, die sie auslösen, würden sich durch eine intensive Beschäftigung mit ihnen verfestigen.

Lebenswidrige Verhaltensweisen – Unhöflichkeit, Mißgunst, Neid, Eifersucht, Streit, Feindschaft, Verleumdung, Unwahrheit, Betrug, Raub, Geiz, Roheit, Haß, Quälen und Morden von Mensch und Tier, Verachtung, Feigheit, Faulheit, Gleichgültigkeit, Unmäßigkeit, Unordnung, Unsauberkeit, Ärger, Selbstmitleid, Hochmut, Verzweiflung, Begierde, Ungenauigkeit, Angst, Fanatismus, Zorn und wie sie sonst noch heißen mögen – *verschwinden von selbst oder entstehen erst gar nicht, wenn sich der Mensch für sein Leben nur lebensrichtige Ziele setzt und sie behaarlich verwirklicht.*

Vergebliche Anstrengung

Wenn wir lebenswidrig denken und handeln, erschöpfen wir uns vergeblich. Wir erreichen auch keine bleibenden «Erfolge» und zerstören früher oder später mehr, als wir vielleicht vorübergehend erreichen.

Irrwege

Werden die lebenswidrigen Verhaltensweisen vermieden, sobald sie erkannt sind, lassen sich meist die lebens*richtigen* Ziele dennoch erreichen, und ein inzwischen eingetretenes Unheil wird überwindbar sein.

Auch aus der verworrensten Lage gibt es einen lebens*richtigen* Ausweg. Das *Prinzip der Lebensrichtigkeit* ist ein unfehlbarer Kompaß.

Für uns beste Lebensbedingungen

Bei allem Denken und Tun das *eigene* Dasein – *unsere Wirkungsmöglichkeit* – behüten und bewahren.

Unseren Körper (Leib, Denkvermögen und so fort) in jeder Weise fördern, für ihn beste Lebensbedingungen schaffen – ohne dadurch die Mitmenschen zu beeinträchtigen.

Konzentrierte, freudige Leistung zum Verwirklichen unserer lebens*richtigen* Ziele und ausreichende, behagliche Erholung – Anspannung und Entspannung – sollten harmonisch abwechseln können.

Auch die «Vergnügungen des Lebens» genießen, wenn sie unserer Gesundheit und Tatkraft zuträglich sind und niemand schaden – sonst sie meiden.

Lebensrichtige Menschenliebe

Der bewußte Mensch begreift sich selbst und seine Mitmenschen als Entwicklungsformen, als Großmoleküle des unendlichen Organismus des Alls. Er weiß sich mit seinen Mitmenschen und allen anderen Entwicklungsformen unauflöslich in dieser All-Einheit verbunden – er fühlt sich «eins» mit ihnen.

Die Ablehnung von Mitmenschen, oder auch nur die Gleichgültigkeit ihnen gegenüber, ist ihm deshalb unmöglich. Er fördert sie, ihre Lebensbedingungen, ihr Denkvermögen, ihre Bewußtheit soweit dies möglich ist, ohne den eigenen lebens*richtigen* Daseinsverlauf zu beeinträchtigen.

Die *bestmögliche Förderung der Mitmenschen* – aber ohne dadurch die eigene lebens*richtige* Entwicklung, das eigene lebens*richtige* Mensch-Sein, zu gefährden – ist *lebensrichtige Menschenliebe.*

Das lebenswidrige Verhalten der Mitmenschen ablehnen – niemals aber sie selbst

Die lebenswidrigen Ziele und Verhaltensweisen der Mitmenschen und menschlichen Organisationen (der Staaten, Länder, Gemeinden, Wirtschaftsunternehmen, Gewerkschaften und so fort) *deutlich ablehnen, davor warnen und auf die lebensrichtigen Ziele und Verhaltensweisen, die sie verwirklichen müßten, hinweisen.*

Die Form der Ablehnung und Warnung sollte aber klar erkennen lassen, daß wir *die Menschen uneingeschränkt lieben – das heißt, sie fördern möchten – und nur ihre lebenswidrigen Ziele und Verhaltensweisen ablehnen.* Deshalb ihnen auch niemals ihren Irrtum vorwerfen, sie nicht verurteilen, beleidigen oder kränken.

Helfen ohne zu schaden

Den Mitmenschen helfen, mit Rat und Tat – sofern dadurch unser eigener *lebensrichtiger* Daseinsverlauf nicht gefährdet wird.

Aber ihre Probleme und Aufgaben ihnen niemals abnehmen oder aus dem Weg räumen, wenn sie bei ausreichender eigener Bemühung selbst in der Lage wären, sie zu meistern. Wir würden sie verführen, uns – bewußt oder unbewußt – auszunützen und ihnen die Möglichkeit nehmen, zu lernen, Schwierigkeiten selbst zu überwinden; *wir würden sie schwächen, ihre Lebensfähigkeit in unverantwortlicher Weise mindern.*

Wirrnisse werden nicht entstehen

Vor allen Entscheidungen, Bewegungen, Worten und Taten sich fragen, ob sie lebens*richtig* sind – ob sie das Leben, die Entwicklung von uns und unserer Mitwelt, fördern. Wenn unsere Verhaltensweisen lebens*richtig* sind, kommen wir nie in Bedrängnis.

Still, unaufhaltsam

Die kleinen und großen lebensfördernden Ziele unaufhaltsam verfolgen – still, einfach, selbstverständlich, möglichst unbemerkt von den Mitmenschen, damit sie uns nicht ablenken.

Unsere Pläne dürfen aber nicht an unserer Starrheit scheitern. Unüberwindlichen Verhältnissen sich vorübergehend anpassen und die Widerstände beweglich umgehen.

«Das Wasser kann die Felsen nicht umstoßen; es umfließt sie, höhlt sie aus – und erreicht sicher sein Ziel, das Meer»*

* Laotse.

Jungbrunnen

Unsere lebensfördernden Gedanken und Taten, die lebens*richtigen* Ziele, die wir zu verwirkichen versuchen, halten uns in Spannung, regen unsere Zellen an, sich zu erneuern, erhalten uns jung bis an die äußerste biologisch mögliche Lebensgrenze.

Faulheit, Feigheit

Wenn wir zu faul oder zu feig sind, um unsere lebens*richtigen* Ziele und Aufgaben zu erforschen und zu verwirklichen, dann brauchen wir uns über die Zustände nicht zu wundern unter denen wir leben müssen oder in die wir geraten werden.

Zur täglichen Erinnerung

Um niemals zu vergessen, lebens*richtig* – Freude und Heil bewirkend – zu denken und zu handeln, sollten wir uns an jedem Morgen erneut vornehmen:

unsere lebensrichtigen Aufgaben des Tages so vollkommen und so rasch wie möglich auszuführen;
die Menschen zu fördern, sie niemals zu schädigen;
unbeirrbar wahrhaft zu sein.

Wenn wir täglich mit festem Willen versuchen, diese drei wichtigen Verhaltensweisen zu verwirklichen, werden wir ihre wohltuenden, segensreichen Auswirkungen erfahren, und uns das lebens*richtige* Denken und Handeln in allen Lebenslagen zur Gewohnheit werden.

Besinnung

Wenn wir freudlos, unglücklich oder mißmutig, launisch, gereizt, rastlos, unzufrieden sind, so war unser Verhalten in irgendeiner Hinsicht nicht lebens*richtig.* Wir sollten unsere Ziele, Aufgaben und Verhaltensweisen sofort überprüfen: die lebenswidrigen, die sich finden, aufgeben und sie durch lebens*richtige* ersetzen – damit beglückende *Freude* uns erfüllen und unser Dasein sich in bestmöglicher Weise ereignen kann*.

Die Bedeutung unseres Denkens und Handelns für die Entwicklung der Welt und für uns selbst

Für die Entwicklung der All-Einheit – des unendlich großen Organismus der Welt – ist es unbedeutend, ob unsere Gedanken und Taten lebens*richtig* oder lebenswidrig sind.

Unser lebenswidriges Verhalten hemmt die Entwicklung der All-Einheit viel weniger als ein Sandkorn einen reißenden Gebirgsstrom.

* Siehe: «Einige Fragen zur wöchentlichen Prüfung des eigenen Verhaltens» auf Seite 75.

Selbst wenn wir, zum Beispiel mit Atombomben, alle Menschen vernichten, werden sich wahrscheinlich in einigen zehn Millionen Jahren wieder Wesen mit Denkvermögen und Bewußtheit auf unserem Planeten bilden. Die uns ungeheuerlich erscheinende Tat würde die Entwicklung auf der Erde keinesfalls aufhalten und im gesamten Geschehen des Alls nebensächlich sein.

Aber für das Leben von uns und unseren Mitmenschen ist es von entscheidender Bedeutung, daß wir lebensrichtig denken und handeln. Nur unsere Gedanken und Taten, die das Leben fördern – die mit der Richtung der Entwicklung, dem Lebensstrom harmonisieren – bringen *Freude*, Wohlbefinden, inneren Frieden, Heil. Unsere lebenswidrigen Gedanken und Taten hingegen erzeugen früher oder später unausbleiblich Unfreude und Unheil.

Das Gebot

Unbeirrbar lebensrichtig denken und handeln:
für alle Bereiche und in jeder Lage des Lebens die anzustrebenden lebensfördernden Ziele, Aufgaben und Verhaltensweisen feststellen – und sie tatkräftig verwirklichen.

Um nichts sonst brauchen wir uns zu sorgen.

Denken und handeln wir lebens*richtig,* entsteht in uns die *Freude* – das Gefühl der inneren Leichtheit und Beglücktheit – und unser Leben ereignet sich in der bestmöglichen Weise.

Denken und handeln wir lebenswidrig, sind wir auf Schritt und Tritt gefährdet und ohne wahre *Freude*.

III

Beispiele für die Anwendung der neuen Einsichten

Bewußtheit

Vom Paradies der Unbewußtheit zum Paradies der Bewußtheit – dem «Zeitalter der Freude»

Die «Spiegelungen» der Gedanken – das reflektierende Denken – erzeugt die Bewußtheit.

Vor etwa drei Millionen Jahren wandelte sich der unbewußte tierische Vorläufer des Menschen – durch das Entstehen des reflektierenden Denkens in ihm – zum bewußten Tier, zum Menschen.

In dieser fernen Zeit begann er Steinbeile und Feuer systematisch zu verwenden. Damals ging das Paradies des nichtbewußten Lebens, in dem der menschliche Vorläufer ohne bewußtes Denken und Handeln, «ohne Sorgen, Angst und Verantwortung» lebte, zu Ende. («Er aß vom Baum der Erkenntnis und verlor dadurch das Paradies.»)

Die Zeit nachher, in der sich das reflektierende Denkvermögen des Menschen allmählich weiter entfaltete und immer mehr, früher unbewußte Tätigkeiten – wie das Vorsorgen für die Zukunft, das Befriedigen des sexuellen Verlangens und so fort – bewußt bewirkte, war eine Entwicklungsperiode der Unsicherheit, des mühevollen Suchens nach den richtigen Verhaltensweisen.

Die Entwicklung des reflektierenden Denkens führte auf einem holprigen Weg, über unzählige Fehler und Irrtümer, zur heutigen Bewußtheit.

Vor etwa drei Millionen Jahren, als das reflektierende Denkvermögen sich zu entfalten begann, ging das *Paradies der Unbewußtheit* verloren. Und in der heutigen Zeit öffnet sich dem Menschen, durch seine erweiterte Denkfähigkeit, ein neuer Abschnitt seiner Entwicklung: das *Paradies der Bewußtheit*, «das Zeitalter der *Freude*», in dem er – als bewußter Teil der All-Einheit – *bewußt lebensrichtig denkend und handelnd, in beglückender Freude leben wird.*

Nur der Mensch mit unzureichender Bewußtheit verhält sich lebenswidrig

Menschen, die lebenswidrig denken und handeln, haben eine unzureichende Bewußtheit – die entweder die Folge ist eines mangelhaften Denkvermögens oder bisher fehlender Aufklärung über die All-Einheit und ihre Entwicklung.

Auch fehlender Wille zum lebens*richtigen* Verhalten ist eine Folge unzureichender Bewußtheit.

Bewußte Steuerung der Triebe

Je bewußter der Mensch wird, desto besser gelingt es ihm, seine Triebe (Aggression, Sexualität, Geltungs- und Besitzstreben und so fort) soweit zu beherrschen, zu ändern, zu sublimieren, daß sie sich nur lebens*richtig* – lebensfördernd und nicht lebensschädigend – auswirken.

(Das Verhalten des Menschen wird nur insoweit

von seinen Trieben bestimmt, als er – wie ein unbewußtes Tier – ihnen freien Lauf läßt.)

Wieso ist der bewußte Mensch «gezwungen», lebensrichtig zu denken und zuhandeln?

Alle Geschehnisse in der All-Einheit sind zwangsläufige Ereignisse der Entwicklung.

Auch das menschliche Bemühen, lebens*richtig* zu denken und zu handeln, ist nicht «freiwillig». Es ist eine zwingende Folge des reflektierenden Denkens.

Sobald der Mensch genügend klar erkennt, daß nur lebens*richtiges* Verhalten *Freude* und Heil erzeugt, lebenswidriges aber Unfreude und Unheil verursacht, wird er beharrlich versuchen, ausschließlich lebens*richtig* zu denken und zu handeln. Er wird die lebenswidrigen Gedanken und Taten meiden, wie das gebrannte Kind das Feuer: sein reflektierendes Denken veranlaßt, zwingt ihn dazu.

Die kostbarste Fähigkeit des Menschen

Die kostbarste Fähigkeit des Menschen ist sein bewußtes, lebens*richtiges* Denken und Handeln – die bewußte Förderung des Lebens.

Die *Steigerung der Bewußtheit* des Menschen ist deshalb die wichtigste Aufgabe der Erziehung, Schulen und eigenen Weiterbildung – und die *Beeinträchtigung der Bewußtheit* durch Alkohol, Drogen, Fehlinformationen und so fort, das größte Übel.

Vorrang

Auf der Erde sind die Menschen die am höchsten entwickelten, und damit die schutzwürdigsten Entwicklungsformen.

Die *vorrangig* lebens*richtigen* Verhaltensweisen sind deshalb jene, welche die *Schädigung der Menschen verhindern und sie bestmöglich fördern.* Aber weder Halm, noch Baum, noch Tier, noch andere Entwicklungsformen beeinträchtigen, wenn es für das Leben der Menschen, für ihre Entwicklung, nicht erforderlich ist.

Weisheit

Die eigene Entwicklung, die der Mitmenschen und der übrigen Mitwelt bestmöglich fördern, und konsequent auch die geringsten lebenswidrigen Gedanken und Taten vermeiden – das ist höchste Weisheit.

Wille

Der Mensch hat im Lauf seiner Entwicklung gelernt, daß er seine Absichten und Wünsche am besten erreicht, wenn er sich auf sie konzentriert und nicht davon abläßt. Durch diese Erfahrung entstand der bewußte Wille. Er kann lebens*richtig* und lebenswidrig verwendet werden.

Wir sollten in uns einen Willen ausbilden, der uns befähigt, unsere lebens*richtigen* Ziele, Aufgaben und Verhaltensweisen unbeirrbar zu verwirklichen, und der jedem lebenswidrigen Trieb, jeder lebenswidrigen Neigung, weit überlegen ist*.

Gewissen

Das Gewissen ist «gespeicherte Erfahrung», die dem Menschen selbsttätig bewußt wird, wenn er im Begriff ist, eine für sich oder seine Umwelt wichtige Entscheidung zu treffen oder Handlung auszuführen, oder wenn er überlegt, ob Ziele, Aufgaben, Verhaltensweisen «richtig» oder «falsch» sind.

Die Regelstrukturen des menschlichen Denksystems, die das Gewissen auslösen, wurden von lebens*richtigen* und lebenswidrigen «Erfahrungen» geprägt. Sie wirken deshalb manchmal nur teilweise oder oft überhaupt nicht lebens*richtig*.

Daher ist das Gewissen als Richtlinie für das Denken und Handeln nicht immer brauchbar. Es hat schon unzählige Menschen und Völker ins Unglück, und in den Tod geführt.

Der Mensch sollte deshalb seine «Stimme des Gewissens» streng prüfen, und *ihr erst folgen, wenn er von ihrer Lebensrichtigkeit überzeugt ist.*

* Zur Ausbildung des Willens, zum Beispiel, wöchentlich einen Tag lang fasten.

Sitte

Sitte ist das bewußte, lebens*richtige* Verhalten des Menschen zu seinem eigenen Körper, zu den Mitmenschen, Tieren, Pflanzen, zur Landschaft.

Schönheit

Schönheit ist der Glanz, die Strahlung, die Spiegelung des Lebens*richtigen* in den Entwicklungsformen und ihren Darstellungen.

Zum Beispiel: der Mensch, der lebensfördernd denkt und handelt – frei ist von lebenswidrigen Spannungen –, strahlt Harmonie, Geordnetheit, *Freude* aus. Ihn empfinden wir als schön, auch wenn seine leiblichen Formen nicht ebenmäßig sind.

Kultur

Der Begriff *Kultur* bedeutet für uns das *bewußte disziplinierte lebensrichtige Verhalten, und dessen Auswirkung,* in all seiner Vielfalt.

Der Wert des Menschen

Den Wert eines Menschen bestimmt nicht seine Hautfarbe, Rasse, Religion, die soziale Schicht, aus der er herstammt, oder seine soziale Stellung, seine Macht, der Besitz, über den er verfügen kann, auch nicht seine leiblichen und verstandesmäßigen Anlagen und ihre Ausbildung – sondern *allein die Stärke und die Ausdauer seines Bemühens, lebensrichtig zu denken und zu handeln.*

Meister des Lebens

Menschen, die bewußt und unbeirrbar lebens*richtig* denken und handeln, sind die Meister des Lebens.

Entschlossen, tatkräftig, unaufhaltsam, schnell, sorgfältig, gütig, gewaltlos – ohne ihren Mitmenschen und der übrigen Umwelt vermeidbare Schäden zuzufügen – verwirklichen sie ihre lebens*richtigen* Ziele und Aufgaben, als Lenker der Staaten, Krankenpflegerinnen, Wissenschafter, Hausfrauen, Weltraumpiloten und sofort.

Sie sind die Edlen.

Bewußte, ständige Steigerung – die eigentliche menschliche Aufgabe

Die kosmische Entwicklung – der Lebensstrom – entfaltet, intensiviert, repariert, verbessert unablässig...

Es wäre deshalb lebenswidrig, sich mit einem bestehenden Zustand zufriedenzugeben oder gar auf ihm zu beharren.

Das Erreichte auf allen Gebieten des Lebens – der Erziehung, Ausbildung des Denkvermögens und der Bewußtheit, der Ernährung, Kleidung, Behausung, der Beziehungen zu den Mitmenschen und der sonstigen Umwelt und so fort – *bewußt lebensrichtig weiterentwickeln: das ist die eigentliche menschliche Aufgabe.*

Alles in Frage stellen, alles verbessern; stündlich, täglich das Bestehende ohne Zögern und Zaudern lebensrichtiger machen!

(«Fortschritte» die *nicht lebensrichtig gelenkt und kontrolliert werden,* können vermeidbare Schäden verursachen oder gar die Existenz von Teilen oder der ganzen Menschheit gefährden oder vernichten. Es ist deshalb unerläßlich, besonders auch alle naturwissenschaftlichen Forschungstätigkeiten und die Anwendung ihrer Ergebnisse, rigoros am *Prinzip der Lebensrichtigkeit* zu orientieren, um Nachteile durch diese zu vermeiden oder zumindest in tolerierbaren und sicheren – auch durch menschliche Fehlleistungen und technische Gebrechen nicht verletzbaren – Grenzen zu halten.)

Menschliche Gemeinschaft

Vereinigung der Menschheit

Die lebens*richtige* Liebe – die bewußte Förderung der Mitmenschen – einmal zum allgemeinen Bedürfnis geworden, wird die Menschheit vereinigen, riesige Kräfte, die früher im Kampf der Menschen untereinander verbraucht wurden, freisetzen und alle Lebensbereiche in einer nie geahnten Weise befruchten.

Zusammenarbeit

Wer die Menschen lebens*richtig* liebt, das heißt, wer sie fördern will, wird seine ererbten Anlagen bestmöglich ausbilden, und sich bemühen, mit seinen erworbenen Fähigkeiten zur Erhaltung und Entfaltung der menschlichen Gemeinschaft beizutragen.

Einzelmenschen, Menschengruppen, Rassen, Staaten, die nur ihr eigenes Wohlergehen erstreben, ohne Rücksicht auf die Gemeinschaft und ohne für sie den angemessenen Beitrag zu leisten, verhalten sich lebenswidrig, parasitär.

Warum kann der bewußte Mensch vom Mitmenschen nicht enttäuscht werden?

Der bewußte Mensch fördert den Mitmenschen in bestmöglicher Weise – ohne dadurch den eigenen lebens*richtigen* Weg zu gefährden –, und erwartet von ihm keinen Dank oder andere bestimmte Verhaltensweisen. Er bejaht ihn, wie er ist, mit allen seinen Möglichkeiten des lebens*richtigen* und lebenswidrigen Denkens und Handelns, und erträgt seine Mängel.

Der bewußte Mensch ist deshalb vom Mitmenschen niemals enttäuscht.

Welche Lebenspartner wählen?

Menschen, deren Denkvermögen und Bewußtheit unzureichend sind, wählen ihre Lebenspartner triebmäßig aus; zum Beispiel, wenn diese auf sie eine starke sexuelle Anziehung ausüben oder ihrem Geltungs- oder Bequemlichkeitstrieb dienen.

Menschen mit guter Denkfähigkeit und klarer Bewußtheit wählen Lebenspartner, die sich bemühen, lebens*richtig* zu denken und zu handeln, oder die sie durch Aufklärung voraussichtlich dazu veranlassen können.

Menschen, die lebens*richtig* denken und handeln, werden ihre Lebenspartner bewußt lieben, sie dauernd fördern; nicht nur solange die leiblichen Triebe wirken und auch dann noch, wenn sie sich trennen und neue Verbindungen eingehen.

Wodurch entsteht das bleibende Glück der Liebenden?

Das Glück der Liebe wird bewahrt durch die bewußte Förderung des Partners – durch Geben, Helfen, Erklären, Verzeihen – und das Gefühl und Wissen, mit ihm eins zu sein, mit ihm und der Umwelt die unauflösbare Einheit der Welt zu bilden.

Mut und Achtsamkeit

Unsere lebens*richtigen* Ziele und Aufgaben heiter, furchtlos verwirklichen; niemals davon abweichen, auch nicht durch die Meinung der Mitmenschen, ihre Schmeichelei oder Härte oder durch vermeintliche Vorteile oder Nachteile – aber umsichtig sein, «damit uns nicht ein Irrender von hinten schlägt».

Zustimmung gewinnen

Mit Gewalt läßt sich keine Zustimmung und kein Einverständnis erreichen. Die Menschen stimmen lebens*richtigen* Zielen und Aufgaben aber zu und helfen bei ihrer Verwirklichung, wenn sie ihnen *anschaulich klargemacht werden.*

«... wie das Gras nach dem Wind»

Wenn wir beharrlich lebens*richtig* denken und handeln, dann werden sich eines Tages auch die meisten Menschen unseres Wirkungskreises nach uns richten, «wie das Gras nach dem Wind.»

Freunde

Die Gesellschaft von Menschen suchen, die sich konsequent bemühen, nur lebens*richtig* zu denken und zu handeln, und mit denen wir die Selbstbeherrschung wechselseitig steigern können.

Feinde

Auch die Feinde – die Menschen, die uns Übles wünschen oder antun – lieben, das heißt, sie fördern und ihnen helfen, ihre Irrtümer zu erkennen. Aber vor ihren lebenswidrigen Absichten und Taten auf der Hut sein.

Die von uns geförderten Feinde werden meist – früher oder später – ihr feindschaftliches Verhalten aufgeben oder unseren Lebenskreis verlassen.

Streit

«Streit ist Kampf gegen Mitmenschen.»

Die lebens*richtigen*, allen Beteiligten gerecht werdenden Lösungen für die Differenzen und Zweifelsfragen erforschen, und sich bemühen, die Widersacher dafür zu gewinnen – beharrlich, ruhig, sachlich, zuvorkommend, wohlwollend.

Alle Gegensätze lassen sich durch lebens*richtige* Zusammenfügungen ausgleichen.

Vergeben

Die Nachteile, die uns die Menschen angetan haben, mit lebens*richtigem* Verhalten beantworten – und uns wirksam vor ihren weiteren Beeinträchtigungen schützen.

Vergeben, verzeihen – die ungestörte Gemeinschaft mit den Menschen herstellen.

Verbundenheit zeigen

Verständnis, Mitgefühl, das wohlwollende Gespräch von Mensch zu Mensch – statt kalter, harter oder gar zynischer Worte.

Den Mitmenschen fühlen lassen, daß wir uns mit ihnen unauflösbar in der All-Einheit verbunden wissen. Das Gemeinsame, Verbindende immer betonen und das Gegensätzliche zurückstellen.

Die Leistungen anerkennen

Die Leistungen der Mitmenschen anerkennen, sie nicht verkleinern oder verheimlichen. Ihr Selbstvertrauen stärken, damit ihnen immer Vollkommeneres gelinge.

Die große Mehrheit der Menschen will das Lebensrichtige

Die weit überwiegende Mehrheit der Menschen unterstützt bewußt und unbewußt die lebens*richtigen* Ideen und Taten.

Krankheit durch fehlende lebensrichtige Ziele

Vielen «Kranken», unter anderem allen Schwermütigen, fehlt die lebens*richtige* Einstellung zum Dasein. Sie sehen keine Ziele, für die es sich zu leben lohnt.

Sobald sie begreifen, daß die Welt – einschließlich ihres eigenen Körpers – die ewige All-Einheit ist und sie froh und glücklich sein werden, wenn sie lebens*richtig* denken und handeln, beginnen sie, von ihrer Krankheit zu genesen.

Und sie überwinden ihre ungünstige psychische Lage vollkommen, wenn ihnen beratend geholfen wird, ihre lebens*richtigen* – sie selbst, ihre Mitmenschen und die übrige Umwelt fördernden – Ziele und Aufgaben zu finden und zu verwirklichen.

Weisungen und Wünsche

Weisungen und Wünschen der Mitmenschen nur folgen, wenn sie lebens*richtigen* Zielen und Aufgaben dienen. Die Ausführung der Weisungen und Wünsche verweigern, wenn man weiß, daß sie sich lebenswidrig auswirken würden.

Das Lebenswidrige durch das Lebensrichtige überwinden und fernhalten

Der einzelne Mensch und auch jede Gemeinschaft – Familie, Gemeinde, Staat usf. – sollten das Lebenswidrige überwinden und fernhalten, indem sie sich *beharrlich bemühen, das Lebensrichtige zu verwirklichen.* (Die Menschen mit einfachen, klar verständlichen Leitlinien auf die lebens*richtigen* Ziele und Aufgaben der Gemeinschaft hinlenken.)

Vorsichtig sein, wo viel gesprochen wird.

Wenn die Ziele und Aufgaben lebens*richtig* sind, bedarf es keiner besonderen Beredsamkeit, um die Menschen dafür zu gewinnen. Deshalb – wo viel gesprochen wird, vorsichtig sein.

Gleichgesinnte

Mit Gleichgesinnten zusammenwirken, um die eigenen und die für die Allgemeinheit lebens*richtigen* Ziele und Aufgaben klarer zu erkennen und rascher zu verwirklichen.

Halt und Richtung für die menschliche Gesellschaft

Die unbeirrbar lebens*richtig* Denkenden und Handelnden werden die menschliche Gesellschaft immer stärker «durchdringen» und ihr Halt und Richtung geben.

Die Rolle der Frau

Die bewußt denkende Frau wird künftig eine dem Mann gleichrangige, und ihrem Geschlecht vollkommen entsprechende Rolle in der Gemeinschaft spielen.

Entschlossener, energischer oft als der Mann wird sie alles Lebensbewahrende verteidigen. Und sie wird die Ideen und Taten des Mannes nur billigen und achten, wenn diese das Leben fördern.

Gefährliche Phase der Menschheitsentwicklung

Die naturwissenschaftlichen Fortschritte des 20. Jahrhunderts lieferten Vernichtungsmittel – Atombomben, chemische und biologische Waffen, Raketen –, mit denen das menschliche Leben auf der Erde schwer geschädigt oder gar ausgerottet werden kann.

Das Verhalten vieler politisch führender Menschen wird leider auch heute noch von Aggressions-, Besitz-, Geltungs- und anderen Wünschen, Trieben und Ängsten – die ihnen weitgehend unbewußt sind – stark beeinflußt. Es besteht deshalb die Gefahr, daß die modernen, verheerenden Vernichtungsmittel aus Macht- und Habsucht, oder wegen ungerechtfertigter Ängste oder sonstiger lebenswidriger Ursachen und Motive, verwendet werden.

Führende Stellen im Staat sollten deshalb ausschließlich Menschen vorbehalten sein, die von der *Unerläßlichkeit lebensrichtigen Denkens und Handelns* überzeugt sind, und sich voraussichtlich in allen Situationen unbeirrbar in entsprechender Weise verhalten.

Wie viele Menschen sollten die Erde bewohnen?

Die Erde sollten so viele Menschen bewohnen, als darauf lebens*richtig* leben können – nicht mehr, aber auch nicht weniger.

Was gehört zum lebens*richtigen* Dasein der Menschen? Luft, Wasser, Nahrung, Kleidung und Wohnverhältnisse die der Gesundheit nicht schaden; ausreichende Bewegungsmöglichkeiten; Erziehung und Ausbildung mit den jeweils wirksamsten Methoden und Mitteln.

Warum sollten nicht weniger Menschen die Erde bevölkern? Je mehr Menschen auf der Erde – unter zuträglichen Daseinsbedingungen – leben, desto größer ist die Wahrscheinlichkeit, daß sich die Menschheit auf kürzestem Weg bestmöglich weiterentfaltet*.

* Lebens*richtig* denkende und handelnde Menschen der Wissenschaft, Politik und Wirtschaft, werden – wenn man ihnen dazu die Gelegenheit gibt – in jeder Phase der Menschheitsentwicklung optimale Daseinsbedingungen bereitstellen. Lebenswidrig denkende und handelnde Menschen sind dazu meist nicht fähig und verbreiten in Wachstums- und Wirtschaftssituationen, die sie infolge ihres unschöpferischen Wesens für ausweglos halten, eine Untergangsstimmung, und veranlassen entsprechende, negative Maßnahmen. Solche Menschen verursachen, wenn sie an den herrschenden Stellen sind, oft unermeßliche Schäden für die Völker.

Welchen Staaten oder Organisationen wird die Führung der Völker der Erde zufallen?

Die Führung der Völker der Erde wird kampflos auf jene Staaten oder Organisationen übergehen, die die lebens*richtigen* Ziele der Menschheit klar erkennen, bekanntmachen und sich anstrengen, sie zu verwirklichen.

Wovon hängt die Dauer menschlicher Ordnungen ab?

Alle menschlichen Ordnungen haben ohne lebens*richtige* Liebe, das heißt, ohne das Bestreben, die Mitmenschen zu fördern, keinen Bestand.

Führende

Je gewichtiger die Stellung der Führenden, ihrer Berater und sonstigen Beeinflusser in der Gemeinschaft – je größer der Kreis der Menschen, deren Geschicke sie mitbestimmen –, desto notwendiger ist es, daß sie ausschließlich lebens*richtig* denken und handeln.

Bewußt lebenswidrig handelnde oder unfähige Menschen gehören nicht in führende oder die Führung beeinflussende Stellungen in der Gemeinde, im Land, im Staat, in der Wirtschaft, in der Verwaltung, im Kunstleben und so fort.

Haftung der Führenden

Die Führenden sollten für die *Schäden*, die sie mit ihren *unfähigen, fahrlässigen* oder *bewußten* lebenswidrigen Entscheidungen und Handlungen verursachen, *aufkommen müssen.*

Erziehung

Die wichtigsten Aufgaben der Schulen

Die jungen Menschen zum lebens*richtigen* Denken und Handeln erziehen, und ihre Fähigkeit des Denkens und der Bewußtheit so weit entwikkeln, wie ihre Erbanlagen es ermöglichen. Unter anderem durch ständige praktische Übungen lebens*richtige* Verhaltensweisen ausbilden, wie Selbstbeherrschung, Menschenliebe, Umsicht, Tatkraft, Ordnung, Sauberkeit, Pünktlichkeit*.

* Mit den, voraussichtlich auch in der Zukunft, rasch zunehmenden Kenntnissen und technischen Fähigkeiten der Menschen wächst explosionsartig die Gefahr ihrer Selbstzerstörung und des Chaos, wenn es nicht gelingt, ihnen einzuprägen, daß alles Wissen und Können nur in lebens*richtiger* – lebensfördernder – Weise verwendet werden darf.

Weiterbildung

Die ständige Fortbildung des Denkvermögens, der Bewußtheit und die Vermehrung des Wissens sind für die Lebensgestaltung des Menschen wichtig.

Nur dadurch kann er die lebens*richtigen* Ziele und Aufgaben auf allen seinen Daseinsgebieten mit zunehmender Genauigkeit erkennen und die Maßnahmen zu ihrer Verwirklichung immer sicherer auswählen und durchführen.

Selbstkontrolle

Disziplin – die ständige Kontrolle der Verhaltensweisen, des Denkens und Handelns – ist unentbehrlich.

Ohne feste Zucht können wir unsere lebens*richtigen* Ziele und Aufgaben nicht befriedigend verwirklichen. Ohne Disziplin verläuft unser Leben wie ein «leeres Geschwätz».

Einige lebensrichtige Regeln für die Kindererziehung

Das Kind über das lebens*richtige*, Freude und Heil bewirkende und über das lebenwidrige, Unfreude und Unheil verursachende Denken und Handeln aufklären.

Das Kind dazu anhalten, die eigenen und die Verhaltensweisen der Mitmenschen – auch der Erzieher – ständig zu prüfen, ob sie lebens*richtig* sind.

Dem Kind die lebens*richtige* Liebe zum Mitmenschen lehren (Hilfsbereitschaft, Rücksicht, Verzeihen des Unrechts, Höflichkeit, Dankbarkeit und so fort). Aber es auch darüber aufklären, daß es die lebenswidrigen Verhaltensweisen der Mitmenschen ablehnen und sich vor ihnen schützen muß.

Das Kind immer wieder erleben lassen: Selbstbeherrschung, Sauberkeit, Ordnung sind für die Gesundheit des Körpers, seine Leistungsfähigkeit und für das menschliche Zusammenleben wichtig, unerläßlich.

Dem Kind, von früher Jugend an, lebens*richtige*, die Gemeinschaft (Familie und so fort) fördernde Aufgaben zuordnen und es lehren, diese *umsichtig* und *tatkräftig* auszuführen.

Hohe Erwartungen an die Leistungsfähigkeit des Kindes stellen, und es ermutigen.

Das Kind uneingeschränkt lieben. Auch wenn es sich anders verhält, als wir gern möchten. Und es auf das lebens*richtige* Verhalten mit Geduld und Güte hinlenken.

Das Kind muß sich unbedingt auf uns verlassen können. Es muß wissen und täglich erleben, daß wir die lebens*richtigen* Verhaltensweisen unterstützen und die lebenswidrigen ablehnen.

Feste Führung

Solange die Kinder und Halbwüchsigen nicht ausreichend selbständig denken können, noch nicht das Wissen und die Erfahrung haben, um die – für die eigene Entwicklung und für die Beziehungen zur Umwelt – lebens*richtigen* Verhaltensweisen zu erkennen und anzuwenden, brauchen sie eine *feste*, aber gütige, geduldige Führung.

Die Vernachlässigung dieser Führung zu lebens*richtigem* Denken und Handeln durch Eltern, Elternvertreter und Schule ist falsch und ein *schwerwiegendes menschliches Versagen.*

Protest und Pflicht

Oft protestieren die Jungen gegen die Erwachsenen, nur um sich vor ihrer «Pflicht» zu drücken.

Was ist «Pflicht»? In der jeweiligen Lage sich lebens*richtig* – lebensfördernd – zu verhalten.

Gute und schlechte Beispiele

Das Verhalten der Menschen, und auch die Darstellung menschlicher Verhaltensweisen, prägen in den Mitmenschen Regelstrukturen, die deren künftiges Verhalten beeinflussen.

Dies erklärt die segensreiche Wirkung der «guten» und die abträgliche der «schlechten» Beispiele.

Je weniger bewußt die Menschen sind, desto unbehinderter von Zweifeln und Kritik, und daher unmittelbarer und stärker, bilden sich in ihnen psychische Strukturen, die ihr künftiges Verhalten mitbestimmen. Deshalb sollten den Kindern, Halbwüchsigen und den unkritischen

Erwachsenen, zum Beispiel, niemals lebenswidrige Verhaltensweisen im Fernsehen, Film, Rundfunk, Theater und in Druckwerken dargeboten werden, ohne gleichzeitig deutlich zu machen, daß – und aus welchen Gründen – sie lebensschädigend und daher abzulehnen sind.

Zuchtlosigkeit

Die Zügellosen sollten von der Gemeinschaft in festen Schranken gehalten werden, solange sie dazu selbst nicht fähig sind, und mit ihren lebenswidrigen Verhaltensweisen ihre Umwelt gefährden und schädigen.

Kunst

Kunstwerke

Als Kunstwerke sollten nur bezeichnet werden

(1) Darstellungen des Lebens*richtigen*;

(2) Darstellungen des Lebenswidrigen mit lebens*richtiger Zielsetzung*, mit der Absicht, dadurch die Überwindung des Lebenswidrigen anzuregen oder zu erreichen;

durch *Künstler* – Meister der Musik, des Dichtens, der Bildhauerei, Malerei, des Tanzes und so fort*.

Mißbräuchliche Verwendung künstlerischer Fähigkeiten

Die Darstellung von Lebenswidrigem ohne lebens*richtige* Zielsetzung – ohne die Absicht, es dadurch zu überwinden – ist eine mißbräuchliche Verwendung der meisterlichen Fähigkeiten des Künstlers, die seine «Quellen» trüben oder gar verschütten kann.

Wirkung des Kunstwerkes

Das Kunstwerk wirkt durch seine Lebens*richtigkeit.* Wenn wir es mit «Gefühl und Verstand wahrnehmen», empfinden wir wohltuend seine Übereinstimmung mit dem Lebensstrom in uns.

Zukunft der Kunst

In den bisherigen Kunstwerken wurde das Lebens*richtige* meist unbewußt dargestellt. Die Künstler in der Zukunft werden es bewußt in ihren Werken zum Ausdruck bringen.

Vielleicht wird bald ein neuer Morgen der Kunst anbrechen.

* Vergleiche u.a. die anklingenden Aussagen moderner Maler wie von *Henri Matisse, Wassilij Kandinsky, Max Beckmann* und *Max Ernst.*

Recht

Das allein gültige Maß für Recht und Rechtsauslegung

Für das Recht und die Rechtsauslegung kann und darf nur das *Prinzip der Lebensrichtigkeit* das allein gültige Maß sein.

Das Gerechte, das Lebens*richtige*, überall zur Herrschaft bringen – ohne Kompromisse.

Erläuterungen der Gesetze

Sobald die Menschen die Lebens*richtigkeit* der Gesetze – ihre Übereinstimmung mit den Erfordernissen des menschlichen Lebens – begreifen, halten sie sich daran. Deshalb sollten sie ausführlich erklärt und begründet werden.

Wenn Gesetze und Gebote von psychisch gesunden Menschen, mit normalem Denkvermögen, nicht beachtet werden, sind die Regelungen entweder lebenswidrig oder nicht ausreichend erläutert worden.

Zum Schutz der Gemeinschaft die psychisch Labilen und Kranken durch die Androhung von harten, strengen Maßnahmen von der Übertretung der Gesetze abschrecken.

Gesetzesbrecher

Die Menschen, die mit ihren lebenswidrigen Verhaltensweisen ihre Mitmenschen oder die übrige Umwelt über das tolerierbare Maß hinaus schädigen – die Gesetzesbrecher –, zur bestmöglichen Wiedergutmachung des verursachten Schadens veranlassen, sie zu lebens*richtigem* Verhalten erziehen und notfalls so lange «verwahren», bis es wahrscheinlich ist, daß sie künftig ihre Mitmenschen nicht mehr gefährden und benachteiligen werden.

Die Erziehung der Gesetzesbrecher zu lebens*richtigem* Verhalten ist eine genauso wichtige Aufgabe der menschlichen Gemeinschaft wie die Erziehung und Ausbildung der Kinder in den Schulen, und erfordert entsprechend ausgebildete Psychologen und Pfleger.

Lückenhafte Gesetzgebung

Die Gesetzgebung wird neuen Erfordernissen, die sich aus sozialen, wissenschaftlichen, technischen oder wirtschaftlichen Entwicklungen ergeben, oft zu langsam angepaßt.

So fehlt beispielsweise noch immer die Androhung von harten, strengen Maßnahmen, um das Verführen zum Nikotin-, Alkohol-, Rauschgift- und Suchtdrogenkonsum und die untolerierbare Beeinträchtigung der Umwelt – was die betroffenen Menschen ungleich stärker schädigt, als zum Beispiel, Diebstahl oder Raub materieller Güter – wirksam einzudämmen.

Wirtschaft

Welche Aufgabe hat die Wirtschaft?

Die Aufgabe der Wirtschaft besteht darin, für die Menschen *lebensrichtige Daseinsvoraussetzungen* – Waren, Wohnungen, Dienstleistungen, Umweltbedingungen und so fort zu schaffen, die sie *bestmöglich fördern*.

Wirtschaftslenkung

Je mehr Menschen die Erde bewohnen, je rascher der soziale, wissenschaftliche und technische Fortschritt, desto unerläßlicher ist das Aufstellen *lebensrichtiger wirtschaftlicher Ziele und Verhaltensweisen*, in ständiger Anpassung an die sich wandelnden Gegebenheiten. Ohne solche Richtlinien, die für alle Wirtschaftenden verbindlich sein müssen, sind schwere Schädigungen der menschlichen Gemeinschaft unvermeidbar*.

* Beispiele für die Auswirkungen des Fehlens einer lebens*richtigen* Wirtschaftslenkung:

(1) Die hemmungslose Ausdehnung der Öl- und Autoindustrie nach dem Zweiten Weltkrieg, die u. a. zur Vernachlässigung der Massenverkehrsmittel, der Erforschung und Verwendung der Sonnen- und Erdwärme und anderer unerschöpflicher und erneuerbarer Kraftquellen, und gebietsweise zu einer, das menschliche Dasein bedrohenden Verschmutzung und Vergiftung der Luft, des Wassers und Bodens geführt hat.

Wie weit die Freizügigkeit der Wirtschaftenden beschränken?

Die Freizügigkeit – die «eigene Initiative» der wirtschaftenden Menschen und Organisationen darf nur soweit begrenzt werden, als es für die Sicherung und Verwirklichung der lebens*richtigen* wirtschaftlichen Ziele und Verhaltensweisen erforderlich ist.

Jede darüber hinausgehende Lenkung stört, hemmt – ist lebenswidrig, weil sie die Entfaltungs- und Wirkungsmöglichkeiten der Wirtschaftenden unnötig behindert.

Wie könnten in der Wirtschaft lebenswidrige Verhaltensweisen weitgehend verhindert werden?

Fast alle lebenswidrigen – lebensschädigenden – wirtschaftlichen Verhaltensweisen und Zustände könnten auf *sehr einfache Weise* verhindert werden: wenn man *die wirtschaftenden Menschen, Unternehmen und Institutionen rigoros für die Schäden, die sie durch Unfähigkeit, Fahrlässigkeit oder bewußt verursachen, verantwortlich und haftbar machen würde.*

(2) Der Betrieb von Atomkraftwerken, die Herstelung von Giften und Viren, die die Menschheit teilweise oder ganz vernichten können – infolge *niemals völlig ausschließbarer* menschlicher Fehlleistungen und technischer Gebrechen. (Die alte Menschheitserfahrung: Unglücke, die geschehen können, geschehen auch...)

Schädigungen durch Wirtschaftende

Beispiele lebenswidriger Verhaltensweisen in der Wirtschaft:

Die Herstellung und der Anreiz zum Verbrauch oder Gebrauch von Waren und Dienstleistungen, *die nicht zur lebensrichtigen Gestaltung des Daseins beitragen oder gar die Gesundheit der Menschen schädigen, ihre Bewußtheit beeinträchtigen oder sonstige lebenswidrige Wirkungen haben,* wie zum Beispiel: Nahrungsmittel mit Spuren giftiger Unkraut- und Insektenvernichtungs- oder Konservierungsmittel; pharmazeutische Erzeugnisse, die nur die Symptome, nicht aber die Ursachen der Krankheiten beseitigen und andere Krankheiten und Nachteile zur Folge haben; Rauschgifte und – Drogen für nicht medizinische Zwecke; nikotinhaltige Raucherwaren; Chemieprodukte, die nicht wieder in den Stoffkreislauf zurückgeführt werden können und die Umwelt dauernd belasten; ungesunde Wohnungen; das Verbreiten falscher Informationen (unwahre Nachrichten; Verschweigen von Tatsachen und tendenziöses Hervorheben anderer; unsachliche, fachlich unzureichende oder tendenziöse Kritiken), die zu einer Fehleinschätzung von Ereignissen und Gegebenheiten führen; Unterhaltungsmittel, die die Menschen verrohen oder verängstigen; das Irreleiten des Sexualtriebes durch Literatur und Bild, das ein den Leib, das Denkvermögen und Zusammenleben schädigendes Verhalten auslösen kann;

das Vergiften der Umwelt durch Strahlen, Gase und Stoffe; die Maßnahmen der Hersteller zur vorsätzlichen Verkürzung der Lebensdauer ihrer Produkte; das Verzögern der Verwendung von Erkenntnissen und Erfindungen für die Verbesserung von Waren, Dienstleistungen und Umweltverhältnissen; das Festsetzen ungerechter Preise, Zinsen und Arbeitsentgelte; die Spekulation mit Rohstoffen und anderen Gütern; jede andere Manipulation von Produktion, Angebot und Nachfrage zum Schaden der menschlichen Gemeinschaft; und so fort.

Erfindungen und andere Neuerungen

Lebensfördernde Neuerungen – Erfindungen, Know How usf. – sollten gegen eine angemessene Lizenz von allen interessierten Wirtschaftenden *ohne Verzögerung* verwertbar sein, damit sie möglichst vielen Menschen so rasch wie möglich zu gute kommen können.

(Neuerungen sind ein Ergebnis der intellektuellen Kapazität der *gesamten* Menschheit...)

Arbeit

Wir verstehen unter Arbeit jede Tätigkeit des Menschen zum Erforschen, Verwirklichen, Ausführen lebens*richtiger* Ziele und Aufgaben, für sich selbst, die menschliche Gemeinschaft oder die Umwelt.

Jede Arbeit, die auch von *Maschinen ausge-*

führt werden kann, auf diese übertragen, damit die Menschen frei werden für gestaltende, initiative, forschende, planende, kontrollierende Tätigkeiten und solche, bei denen der menschliche Kontakt dominant wichtig ist – in der Erziehung, Kinder- und Krankenpflege, in den Schulen, bei der Weiterbildung, im Haushalt, im Dienst für den Gast und sofort.

Die vollständige Verteilung der Arbeit in dieser Weise – auf Mensch und Maschine – wird erst möglich sein, wenn unter anderem durch die intensive Nutzung der Sonnenstrahlung und Erdwärme, überall unbeschränkte Antriebskräfte für Maschinen verfügbar sind und die Menschen einen Ausbildungsstand erreicht haben, der sie befähigt zu verhüten, daß eine zu lange Frei-Zeit sie selbst und die Gemeinschaft gefährdet.

Der Mensch sollte sich *sorgfältig für die Arbeit aus- und weiterbilden*, mit der er, auf Grund seiner Anlagen und Neigungen, seine eigene Entwicklung und die der Gemeinschaft optimal fördern kann – und möglichst Tätigkeiten übernehmen oder übertragen erhalten, die seinen Kenntnissen und Fähigkeiten entsprechen.

Jede Arbeit sollte *genau geplant und so vollkommen wie möglich* ausgeführt werden – zum Wohl des einzelnen und der menschlichen Gemeinschaft.

Wer keine Arbeit zur Erhaltung des eigenen Lebens und keinen angemessenen Beitrag für die Gemeinschaft leistet – obgleich gesundheitlich dazu in der Lage und noch nicht im Ruhealter – oder *wer sich nicht bemüht, seine Arbeit bestmöglich auszuführen*, verhält sich *parasitär*, belastet die Gemeinschaft und darf sich nicht wundern, wenn sie ihm entsprechende Konsequenzen auferlegt.

Die Arbeit muß dem Menschen genügend *Frei-Zeit* lassen, zu ausreichender Erholung und zum Vervollständigen seiner Selbstverwirklichung* durch Weiterbildung, künstlerische und sportliche Betätigung, Meditation und so fort.

Das *Entgelt* für die Arbeit sollte der erbrachten Leistung entsprechen (Bewertungsmaßstäbe: Initiative, Neuschöpfung, Verantwortungswert, Wissen und Kenntnisse, Perfektion der Arbeit, psychische und physische Beanspruchung, Arbeitszeit). Das Mindestarbeitsentgelt sollte die Beschaffung ausreichender Nahrung, Kleidung, Wohnung, Gesundheits- und Alterssicherung und die optimale Erziehung, Aus- und Weiterbildung der Arbeitenden und ihrer Familien ermöglichen.

Jahrzehntelang werden wohl noch etwa 1500 Arbeitsstunden jährlich je Erwachsener (bis zum Ruhealter) erforderlich sein, um für alle Völker der Erde, *nach einem, von diesen gemeinsam zu erstellenden, kybernetischen Plan,* Lebensbedingungen zu schaffen, die mit Hilfe der Erkenntnisse und Fähigkeiten des 20. Jahrhunderts anzustreben und erreichbar sind.

* Selbstverwirklichung ist *bewußte lebensrichtige* Daseinslenkung und -erfüllung.

Wirtschaftsentwicklung

Die Entwicklung der Wirtschaft ist von den Menschen fast beliebig lenkbar. Sie unterliegt keinesfalls einem unabänderlichen Geschick.

Sobald in der Wirtschaft die lebens*richtigen* Ziele und Verhaltensweisen vorherrschen, wird sie krisenfrei und schafft immer bessere Daseinsbedingungen. *Die alleinigen Ursachen wirtschaftlicher Schwierigkeiten* – solche höherer Gewalt ausgenommen – *sind lebenswidrige wirtschaftliche Ziele und Verhaltensweisen.*

Wie könnten die Lebensbedingungen der Menschen ständig verbessert werden?

(1) In den einzelnen Staaten für alle Lebensgebiete – ausgehend von den bestehenden Zuständen und im Hinblick auf die zu erwartende Langzeit-Entwicklung – jeweils die in den nächsten Jahren realisierbaren Ziele zur Verbesserung der menschlichen Daseinsbedingungen erforschen und planen lassen, durch befähigte, lebens*richtig* denkende Vertreter aller Gruppen der menschlichen Gemeinschaft (Wissenschafter; Künstler; Fachleute des Staates, der Wirtschaftsunternehmen, Verwaltungsorganisationen, der Verbraucher und so fort).

(2) Die Maßnahmen zum Verwirklichen der erforschten neuen Ziele zur rechten Zeit ver-

anlassen, u. a. die für die veralteten Ziele tätigen Menschen und verwendeten Mittel (Boden, Bodenschätze, Fabriken, Werkzeuge, Maschinen, Geld) auf die neuen umlenken*.

(3) Um das Verwirklichen der neuen Ziele nicht zu verzögern, müßte die Allgemeinheit – der die rechtzeitige Umstellung zu gute kommt – die Kosten für die eventuell erforderliche Umschulung der Menschen und die Verluste, die entstehen, wenn Investitionen für die veralteten Ziele nicht mehr amortisiert werden können, übernehmen.

Der augenfälligste Beweis für die ständige Verbesserung der Lebensbedingungen der Menschen – für das Entstehen von steigendem «Wohlstand» und einer «blühenden Wirtschaft» – durch das Verwirklichen lebens*richtiger* Ziele, ist der Wiederaufbau eines Landes nach Kriegsverwüstungen, trotz oft, wie es scheint, völlig unzureichender Mittel.

Aktuelle Beispiele lebens*richtiger* Wirtschafts-

* Ein Beispiel für den Erfolg der kollektiven Suche nach dem optimalen volkswirtschaftlichen Weg ist der seit dem Zweiten Weltkrieg kometenhafte Aufstieg der Stahl-, Auto-, Foto-, Uhren-, Elektronik-Industrie Japans, durch die ständige *planende* Zusammenarbeit von MITI (Ministerium für Industrie und Außenhandel) mit KEIDANREN (Vereinigung der Vertreter der Industrie, Banken, Wissenschafter u. a.).

ziele und -aufgaben für industrialisierte Länder – die dem Wiederaufbau nach Kriegsverwüstungen an Wichtigkeit nur wenig nachstehen –, sind:

(1) die umfassende Grundschulung und ständige Weiterbildung aller Menschen durch sorgsam ausgebildete Lehrkräfte, mit Hilfe der fortschrittlichsten Lehrmethoden und Lehrmittel (Lehrfilme, Lernmaschinen, Lehr- und Experimentierwerkstätten und so fort)*;

(2) die Umstellung der Landwirtschaft auf die Erzeugung von Nahrungsmitteln, ohne die Verwendung von Unkraut- und Insektenvernichtungsgiften und anderer Mittel und Methoden, welche die Gesundheit der Menschen beeinträchtigen und die künftige Verwendbarkeit des Bodens für die Pflanzenzucht und den «Wasserhaushalt» gefährdet**;

(3) der Umbau der Wohnstädte zu gesunden, angenehmen, menschenwürdigen Lebens-

* Staaten, die sich dazu nicht entschließen, werden in kurzer Zeit auch viel von ihrer volkswirtschaftlichen Kraft verlieren, sofern diese auf naturwissenschaftlicher Forschung und Technik beruht.

** Dadurch würde auch eine Rückwanderung vieler Stadtbewohner in ländliche Gebiete, eine günstigere Bevölkerungsverteilung, erreicht werden.

räumen, mit unschädlicher Luft, reinem Wasser, ohne gesundheitsschädlichem Lärm; unterteilt in überschaubare, einfach zu verwaltende Bezirke; mit Straßen und Plätzen, auf denen wieder die Menschen dominieren, und nicht lärmende und giftige Abgase verbreitende Maschinen (beispielsweise durch den Personen- und Warentransport auf den Straßen der Städte mit Elektrofahrzeugen und die Einschränkung des Individualverkehrs);

(4) der Ersatz veralteter Wohnungen durch neue, die die Gesundheit und das Wohlbefinden der Menschen günstig beeinflussen; der Bau von modernen Kindergärten, Altersheimen und Gemeinschaftszentren in ausreichender Zahl;

(5) der Bau neuer Verkehrsanlagen und -mittel, um die Fahrt zwischen Wohnungs-, Arbeits- und Erholungsgebieten zu verkürzen, gesünder und angenehmer zu machen;

(6) die Schaffung einer bestmöglichen Gesundheitsförderung und Krankenfürsorge für alle Staatsbürger (unter anderem durch Errichtung von Erholungs- und Sportanlagen in den Bergen, an den Meeren und Wäldern und von Kranken- und Genesungshäusern in genügender Zahl);

(7) der optimale Ausbau der Institutionen zur Verhinderung von Verbrechen; der Bau menschenwürdiger Gefängnisse; die Erziehung der Gesetzesbrecher zu lebens*richtigem* Denken und Handeln; die Verwahrung von Gesetzesbrechern so lange, bis sie voraussichtlich ihre Mitmenschen nicht mehr gefährden und schädigen werden;

(8) die bestmögliche Ausnutzung der Sonnenstrahlung und Erdwärme und der anderen unerschöpflichen und der erneuerbaren Kraftquellen, um u.a. das Erdöl durch Wasserstoff und Elektrizität, für den Antrieb von Autos, Flugzeugen und anderer Transportmittel und für die Heizung von Wohn- und Industriebauten, zu ersetzen;

(9) die Beseitigung der Produktionsanlagen (Atomkraftwerke, Giftstoffabriken, usf.) und der Materialien (Atombomben, Gifte usf.), die infolge menschlicher Fehlleistungen oder technischer Gebrechen, die Menschheit schwer schädigen, teilweise oder ganz vernichten können;

(10) die umfassende, lebens*richtige* Anwendung der Informationstechnik, der Telekommunikation, Roboter und so fort, in allen wirtschaftlichen Bereichen – in Industrie, Landwirtschaft, Verwaltung usw.

(11) die Förderung der Wirtschaft, des Erziehungs- und Rechtswesens usf. jener Länder, die das Elend ihrer Bewohner allein nicht überwinden können, im Rahmen internationaler, kybernetisch-planender Zusammenarbeit. (Die wirksame Hilfe bei der Überwindung von Not in den Entwicklungsländern ist die gemeinsame Aufgabe für alle anderen Staaten – von deren Bewältigung die gedeihliche Zukunft der ganzen Menschheit abhängt.)

Das Verwirklichen der lebens*richtigen* Ziele und Aufgaben ist jederzeit finanzierbar. Es gibt sicherwirkende Methoden und Maßnahmen, um sowohl einen Kapitalmangel, als auch die Gefahr einer Geldentwertung, zu verhindern*.

Die Wirtschaft, die in lebensrichtiger Weise dem Menschen dient, kennt keine Krisen. Sie verwirklicht die immer neuen, der Entwicklung angepaßten Ziele zur Verbesserung des menschlichen Daseins.

Die lebens*richtig* gelenkte Wirtschaft hat einen ständigen *Mangel an Arbeitskräften*, weil die Aufgaben, die zum Wohl der Menschheit ausgeführt werden müssen, unabsehbar sind.

* Beispielsweise:
(1) verbindliche Richtlinien für die Gestaltung von Preisen, Zinsen und Löhnen.
(2) Anleihen mit langer Laufzeit, geringer Verzinsung und Wertsicherung auf Basis des Durchschnittslohnes.

Führende, maßgebende Staatsmänner, Politiker, Verwaltungsfachleute, Wirtschaftende (Arbeitnehmer- und Arbeitgebervertreter), die das rechtzeitige Erforschen und Verwirklichen der für die einzelnen Zeiträume lebens*richtigen*, wirtschaftlichen Ziele und Aufgaben – und damit die ständige Verbesserung der Lebensbedingungen der Menschen – aus Unfähigkeit oder anderen lebenswidrigen Gründen verzögern oder gar verhindern, müßten durch geeignetere Menschen ersetzt werden*.

* Infolge der stürmischen Zunahme naturwissenschaftlicher Erkenntnisse und technischer Möglichkeiten, und der starken Vermehrung der Weltbevölkerung, können wirtschaftliche Fehlentwicklungen mit bisher praktizierten Wirtschaftssystemen nicht verhindert werden – noch viel weniger als jemals zuvor. *Die Wirtschaft braucht heute und in Zukunft eine lebensrichtige Lenkung durch die Fähigsten der menschlichen Gesellschaft.* Nur mit permanenter lebens*richtiger* Zielsetzung und zielführender Arbeit, die für alle Wirtschaftenden verbindlich sein müssen, sind unabsehbare Nachteile und Gefahren für die Allgemeinheit, Unordnung und Destruktion zu vermeiden.

(Es trifft nicht zu, daß lebens*richtige* Leitlinien die Eigeninitiative der wirtschaftenden Menschen, Unternehmen und Institutionen ausschalten. Es werden damit nur die Grenzen gezogen, um den wirtschaftlichen Fortschritt, die ständige Verbesserung der menschlichen Lebensbedingungen, zu sichern. Innerhalb dieser Ziel- und Verhaltensgrenzen *unterliegt die Eigeninitiative keiner Beschränkung und ist optimal zu fördern*.)

Materieller Besitz

Die Güter, die uns gegeben werden oder die wir erwerben, sollten wir als Lehen verstehen, welches wir treuhänderisch zu verwalten und für die lebens*richtige* Gestaltung des Daseins zu verwenden haben, vor allem für die Erziehung, Ausbildung und die Erweiterung der Bewußtheit von uns selbst und den Menschen, in unserem Wirkungsbereich.

Das Sammeln und Horten von Gütern, die für lebens*richtige* Zwecke nicht gebraucht werden – auch nicht für die lebens*richtige*, materielle Sicherung der Zukunft von uns selbst und den Menschen, für die wir zu sorgen haben –, ist ein gedankenloses oder krankhaftes Fehlverhalten *.

Merkwort für Führende

Die lebens*richtigen* wirtschaftlichen Ziele und Verhaltensweisen bewirken allgemeinen Wohlstand – gleichgültig, welche gesellschaftliche Gruppen im Staat die politische Macht besitzen; dominieren in der Wirtschaft lebenswidrige Ziele und Verhaltensweisen, sind chaotische, alle Menschen bedrohende soziale Zustände die zwangsläufigen Folgen.

* Siehe: «Für uns beste Lebensbedingungen» auf Seite 26.

Einige Fragen zur wöchentlichen Prüfung des eigenen Verhaltens

«Denke und handle ich lebensrichtig, entsteht in mir das Gefühl der Freude, und mein Leben ereignet sich in der bestmöglichen Weise.

Denke und handle ich lebenswidrig, bin ich auf Schritt und Tritt gefährdet, und ohne Freude.»

Habe ich lebens*richtige* Ziele für meine Gesundheit (maßvolle, möglichst vegetarische Ernährung; nicht verweichlichende Kleidung und Wohnung; tägliche Leibesübungen usw.), für meine Weiterbildung, für meine Beziehungen zu den Mitmenschen und für meine Mitarbeit in der menschlichen Gemeinschaft?

Ermittle ich in jeder neuen Lage und für jeden neuen Tag die lebens*richtigen* Aufgaben, die ich für mich selbst, für die Mitmenschen und die übrige Mitwelt ausführen sollte?

Plane ich die Maßnahmen und den Aufwand an Zeit und Mitteln, um meine Ziele und Aufgaben bestmöglich verwirklichen, beziehungsweise ausführen zu können?

Führe ich die Maßnahmen zur Verwirklichung meiner Ziele und Aufgaben entschlossen, rasch, tatkräftig, umsichtig, sorgfältig und unaufhaltsam aus?

Reihe ich, ohne Unterbrechung, eine lebens*richtige* Verhaltensweise an die andere? (Arbeit, Erholung, Weiterbildung, Meditation und so fort.)

Beherrsche ich meine Triebe, damit sie sich nur fördernd für mein Leben und die Umwelt auswirken?

Vermeide ich Gewohnheiten, sobald sie lebenswidrige Auswirkungen haben?

Bin ich unbeirrbar wahr in Wort und Tat? (Ohne unnötig zu verletzen?)

Vermeide ich unnützes Gerede? Sage ich das Lebens*richtige* mit wenig Worten und schweige?

Verwalte ich meinen materiellen Besitz treuhänderisch und verwende ich ihn für lebens*richtige* Zwecke?

Bemühe ich mich in allem um Ordnung, um lebens*richtige* Gestaltung?

Liebe ich meine Mitmenschen, das heißt: fördere ich sie und schädige sie niemals? Begegne ich ihnen – auch Feinden und Undankbaren – mit Wohlwollen und Wärme?

Lehne ich aber die lebenswidrigen Ziele und Verhaltensweisen der Mitmenschen und der menschlichen Organisationen (Staaten, Verbände, Unternehmen usw.) entschieden ab und warne ich davor – ohne zu beleidigen?

Helfe ich den Mitmenschen und menschlichen Organisationen ihre lebens*richtigen* Ziele und Verhaltensweisen zu finden, indem ich ihnen meine Meinung mitteile und sie begründe?

Vermeide ich es, Kraft, Zeit oder Mittel zu verschwenden für Menschen, die sich – bei ausreichender eigener Bemühung – auch selbst helfen könnten?

Befolge ich Weisungen von Mitmenschen, und

erfülle ich ihre Wünsche nur, wenn ich überzeugt bin, daß diese lebens*richtig* sind?

Ist mein Benehmen höflich, zurückhaltend, taktvoll, einfach?

Bin ich, wenn ein Unfrieden droht, besonders zuvorkommend, duldsam, hilfreich? Versuche ich in Zweifelsfragen und bei Differenzen die lebens*richtigen* Lösungen zu finden und dafür geduldig und wohlwollend die Zustimmung zu erreichen?

Erkenne ich die Leistungen meiner Mitmenschen an? Ermutige ich sie, damit ihnen immer bessere Leistungen gelingen?

Helfe ich mit, die tüchtigen, lebens*richtig* denkenden und handelnden Menschen an die führenden Stellen der Gemeinschaft zu bringen?

Vermeide ich konsequent, mich mit Dingen zu umgeben, die meine Entwicklung – mein Leben – belasten, hemmen?

Bemühe ich mich *unbeirrbar*, die als lebens*richtig* erkannten Ziele, Aufgaben und Verhaltensweisen ohne Vorbehalte zu verwirklichen? Lasse ich mich weder von der Härte, der Schmeichelei oder dem Spott meiner Mitmenschen, noch von vermeintlichen Vorteilen oder Nachteilen davon abbringen?

Nachwort

Antworten auf Fragen, die oft gestellt werden:

(1) *Wodurch unterscheidet sich grundsätzlich die entwicklungsrichtige Ethik von anderen Ethiken, wie der des Aristoteles, Nietzsche, usf.?*

Die *entwicklungsrichtige Ethik* beruht vor allem auf der Überlegung, daß a) die Entwicklungsformen – die Menschen und ihre Mitwelt – untrennbar miteinander verbunden, den Organismus der Welt bilden, b) die Entwicklungsformen – *in ihrer Gesamtheit* sich ständig weiterentwickeln, c) deshalb *unser Denken und Handeln nur richtig sein kann,* wenn es mit dieser Gesamt-Entwicklung der Welt *gleichgerichtet* ist, wenn es *unsere eigene Entwicklung und die unserer Mitwelt fördert und vermeidbare Beeinträchtigungen verhindert.*

Für Aristoteles war, zum Beispiel, die Sklaverei durchaus «gut», «naturgemäß». Er dachte wohl nie daran, daß man sie abschaffen sollte. Bestenfalls setzte er sich für eine bessere Behandlung der Sklaven ein, aus ökonomischen Gründen oder weil er vielleicht ein aufkeimendes Mitgefühl für diese «Wesen menschlicher Art» verspürte.

Für Lebens*richtig*-Denkende hingegen sind *absolut unannehmbar*: die Versklavung von

Menschen; oder die Forderung Nietzsches, den Übermenschen zu schaffen, ohne Rücksicht auf die übrigen Menschen; oder die Leitsätze anderer Ethiken, welche ebenfalls die *Nicht-Förderung und die vermeidbare Schädigung von Menschen* tolerieren oder manchmal sogar verlangen.

(2) *Was ist zu tun, damit lebensrichtige Ziele und Verhaltensweisen, die für die Allgemeinheit wichtig sind, die Oberhand gewinnen?*

Die Menschen durch Aufklärung veranlassen, für diese Ziele und Verhaltensweisen sich gewaltlos, aber unbeirrbar einzusetzen.

(3) *Gibt es ein Netz gleichgesinnter Leser dieses Buches?*

Nein; aber jeder Leser, der mit dem Gedankengut dieses Buches übereinstimmt, kann selbst eine Gruppe Gleichgesinnter gründen oder sich einer bereits bestehenden anschließen.

Die Mitglieder dieser Gruppen unterstützen gegenseitig ihr lebens*richtiges* Denken und Handeln und versuchen gemeinsam Anregungen dieses Buches, zum Wohl der Allgemeinheit, zu verwirklichen.

Josef Haid

LEBENSRICHTIG

Ein neues Weltbild
und die Ethik
für ein optimales
Leben

Verlag Asama AG
CH-7000 Chur

151 Seiten
CHF / DM 15
Asama Verlag AG
CH-7002 Chur 362

Das Buch »Lebensrichtig« zeichnet ein **neues Bild von der Welt und vom Leben.** Der Inhalt der vorliegenden Broschüre ist ihm größtenteils entnommen. Außerdem enthält es mehr als 50 weitere Themen, u.a. Wo sind wir? Was sind wir? Wie sind wir entstanden? Sind wir das Ergebnis von Zufällen? Wozu leben wir? Was ist der Sinn des Daseins? Freiheit? Sind wir ewig? Ursache der Schöpfung; Kosmisches Ordnungsprinzip; Harmonie; Raum und Dauer usf.